जीवन दृष्टिकोण

सकारात्मक सोच से सार्थक जीवन तक

अमित ठाकुर

BookLeaf Publishing
India | USA | UK

Made with ❤ on the BookLeaf Publishing Platform
www.bookleafpub.in
www.bookleafpub.com

Dedication

समर्पण

इस पुस्तक को
उन सभी क्षणों के नाम–
जो जीवन ने मुझे सिखाए,
उन अनुभवों के नाम–
जिन्होंने मुझे गढ़ा,
और उन प्रश्नों के नाम–
जिन्होंने मुझे सोचने का साहस दिया।

यह समर्पण है
हर उस मन के लिए
जो जीवन को केवल जीना नहीं,
समझना भी चाहता है।

अमित ठाकुर

Preface

प्रस्तावना

जीवन कोई निश्चित परिभाषा नहीं है, न ही कोई पूर्वनिर्धारित मार्ग। यह अनुभवों की वह सतत धारा है, जिसमें हम बहते हुए स्वयं को पहचानते हैं। जीवन दृष्टिकोण इसी पहचान की एक विनम्र कोशिश है —जीवन को देखने, समझने और महसूस करने की।

हम सभी एक ही संसार में रहते हुए भी जीवन को अलग-अलग दृष्टियों से देखते हैं। वही परिस्थिति किसी के लिए चुनौती होती है, तो किसी के लिए अवसर; किसी के लिए पीड़ा, तो किसी के लिए सीख। इस अंतर का कारण परिस्थितियाँ नहीं, बल्कि उन्हें देखने का हमारा दृष्टिकोण है। यह पुस्तक उसी दृष्टिकोण को समझने और सँवारने का प्रयास है।

यह पुस्तक न तो उपदेश देती है, न ही किसी अंतिम सत्य का दावा करती है। यहाँ लिखे विचार जीवन के उन क्षणों से उपजे हैं, जहाँ प्रश्न उत्तरों से अधिक महत्वपूर्ण लगे। यह उन अनुभवों का संकलन है, जिनसे गुजरते हुए यह समझ विकसित हुई कि जीवन को बदलने से पहले, जीवन को देखने की दृष्टि को बदलना आवश्यक है।

जीवन दृष्टिकोण आत्ममंथन, चेतना और व्यवहार—तीनों के बीच एक संवाद है। इसमें जीवन के साधारण से दिखने वाले पहलुओं को गहराई से देखने का प्रयास किया गया है—रिश्ते, संघर्ष, मौन, असफलताएँ, आशाएँ और वह आंतरिक यात्रा, जो हर व्यक्ति अकेले

तय करता है।

यदि इस पुस्तक का कोई भी पृष्ठ आपको स्वयं से संवाद करने के लिए प्रेरित करे, आपकी सोच को थोड़ी-सी भी नई दिशा दे, या आपके भीतर छिपी संवेदनशीलता को स्पर्श कर सके—तो इसका उद्देश्य पूर्ण माना जाएगा।

यह पुस्तक आपके लिए नहीं, बल्कि आपके साथ चलने का एक प्रयास है।

अमित ठाकुर

Acknowledgements

आभार

कोई भी विचार अकेले आकार नहीं लेता। हर शब्द के पीछे अनेक प्रेरणाएँ, अनुभव और मौन सहयोग छिपा होता है। जीवन दृष्टिकोण भी इसी सामूहिक संवेदना का परिणाम है।

मैं हृदय से आभार व्यक्त करता हूँ उन सभी अनुभवों का—सुखद और कठिन—जिन्होंने मुझे जीवन को गहराई से देखने की दृष्टि दी। जीवन के संघर्षों, मौनों और प्रश्नों ने मुझे जितना सिखाया, उतना शायद किसी उत्तर ने नहीं।

अपने परिवार के प्रति मैं विशेष कृतज्ञता व्यक्त करता हूँ, जिनका विश्वास, धैर्य और निरंतर साथ मेरी सोच और लेखन को संबल देता रहा। उनके प्रेम और समझ के बिना यह यात्रा संभव नहीं थी।

उन सभी गुरुओं, मार्गदर्शकों और शिक्षकों का आभार, जिनकी सीख ने मेरे विचारों को दिशा दी—चाहे वह प्रत्यक्ष रही हो या जीवन के अनुभवों के माध्यम से अप्रत्यक्ष।

मेरे पाठकों और शुभचिंतकों को भी धन्यवाद, जिनकी जिज्ञासा और संवेदनशीलता ने मुझे लिखते रहने की प्रेरणा दी। आपके प्रश्नों और प्रतिक्रियाओं ने इस लेखन को और अधिक अर्थपूर्ण बनाया।

अंत में, उस मौन चेतना के प्रति कृतज्ञता, जिसने विचारों को शब्दों में

ढलने दिया और इस पुस्तक को अस्तित्व में आने का अवसर दिया।

अमित ठाकुर

1. परमेश्वर

तुम जटाधारी ,तुम ऋजु तुण्ड
तुम प्रलयंकारी ,तुम यज्ञ कुंड
तुम भेषधारी , तुम ही मुरारी
ओमकार तुम , तुम सर्पधारी
तुम महाकाव्य , तुम चक्रधारी
तुम हो हिमालय , तुम शक्तिशाली
तुम ही हो यक्ष , तुम वज्रधारी
तुम शिलासुप्त , तुम भद्रकाली
तुम से हैं युग , तुम से ब्रह्माण्ड
यह जीवन -मृत्यु , ये कालखण्ड
तुम ही हो गीता ,तुम ही पुराण
तुम ही हो सत्य , तुम सँस्कार ।

2. कालपृष्ठ के शूरवीर

रात्रि काली ,घनघोर मेघ
घनघोर मेघ , प्रचंड वेग
उदण्ड वृक्ष और बेचैन नीर
कालपृष्ठ के शूरवीर
मौन साधु , विध्वंसकारी
अथाह शक्ति ,विनाशकारी
है घाट - घाट और प्रतिघात
है रक्तपात , यह शमशानघाट
यह भस्म धूल ,यह सत्य गूढ़
यह जटाधारी , यह त्रिकालशूल
यह अघोरी सिद्ध , यह शिव त्रिशूल
हर सत्य सुप्त , है गौण गुप्त
ये हरा रंग , पर रक्त युक्त
विध्वंसकारी , है प्रलयंकारी
उदंड नर और प्रचंड नारी
कालखंड के मृत्युपथ पर
कलि-युग के मृत्युरथ पर
यह रक्तरंजित,यह सत्यवीर
यह कालपृष्ठ के शूरवीर।

3. गंगा के मुहाने पर

जीवन्त हुए पल कब स्वाह हुए
पाप-पुण्य इस जीवन का आधार बने
कुछ अपने बने तो कुछ हुए पराये
साँसें सूत्रधार बनी ,जीवन यात्रा कल्याण बनी
गंगा के मुहाने पर।
रात्रि को दिन में बदला ,मिट्टी बदली राख में
जीवन कहानी को साराँश में बदला
किस्मत को खुद के आकार में बदला
तूफानों को झेल कर फिर शुरू हुआ जीवनचक्र
गंगा के मुहाने पर।
नए रिश्तों की सुगबुगाहट
मर के भी ना मरे कड़वाहट
बेपर्दा होती दो रूहों की चाहत
मुसीबत भरा जीवन एकांत बना
गंगा के मुहाने पर।

4. आभास

दिन रात का जादू ,क्षणिक मात्र आभास
ऊँचे टीले पर खड़ा , ध्वनि भेद में मशगूल
एक पल पहचानता ,दूसरे पल झुठलाता
मधुर स्वर संध्या में सम्माहित
एकाकी जीवन का मूल ।
भूत प्रेत की वाणी समझ न आये खास
सूर्य ज्वाला शक्ति का चारों ओर कारावास
हवा ,मेघ की भाषा समझाये बिन भाषा ज्ञान
खुली आँखों भी करतीं शक्ति का संज्ञान
जीने की आज़ादी या कंठ फंसे प्राण
उपाय सूझे न सूझे , बेकार संचित अरमान।

5. जीवन

वृक्ष की भाँति अड़िग था
वायु की भांति समग्र था
थी इस आसमान से भी कुछ शिकायतें
इस देह में भी छुपा एक दरिद्र था
हालात ने हालातों को समझा दिया
जीवन ने जीवन को जीना सिखा दिया ।

6. तुम नहीं

तुम नहीं तो हम नहीं
तेरा होना ही यह याद दिलाता है
यूँ ही धरती को बादलों की आस नहीं
यूँ ही पपीहे को बारिश की प्यास नहीं
कुछ है जो यह एहसास दिलाता है
प्यार यूँ ही नही सबको पागल बनाता है।
हमसफ़र हो सफ़र में चाहे कोई भी
दूर हो मंजिल या फिर अधूरी सी
फूल की पंखुड़ी में बारिश की बूँद जैसे
सपनों में सबसे प्यारा सपना हो जैसे
यह दिलकश अंदाज़ ही है जो हमें दीवाना बनाता है
प्यार यूँ ही नहीं सबको पागल बनाता है।

7. मंजिल की तलाश

अभी कहाँ रात हुई है
मैं तो रोशनी की तलाश में हूँ
अभी कहाँ हार हुई है
मैं तो जीत की तलाश में हूँ
अभी कहाँ लिखा है मैंने
ज़िन्दगी के कड़वे मीठे सफर को
कोरे कागज़ पर लिखने की
अभी तो शुरुआत हुई है
चाहे कितना ही दूर चला हूँ मैं
इस बर्बर दुनिया की गलियों में
असफलताओं की निरंतर मार झेलता
अभी तो मंजिल की शुरुआत हुई है
क्यों न अब थोड़ी खुशी मना लें ?
देर सवेर से भटकती हुई चाल
बुलंदी के दरवाजे पर पहुंचकर
आज मेरी किस्मत से बात हुई है।

8. जीवन दर्शन

मैं साँस नहीं वक़्त का एहसास हूँ
में वर्तमान नहीं , सपनों का आकाश हूँ
डूबती हुई कश्ती में बैठे हुए लोग
या किसी के जाने से पैदा हुआ क्षोभ
काली रात को झेल कर सिर उठाता भोर
और उसी भोर में उड़ते हुए पंछियों का शोर
यही तो हमारे जीवन की सच्चाई है
कभी बुराई तो कभी अच्छाई है
मुझे भी ये जीवन रस पीने दे
मुझे ज़िन्दगी अपनी रफ़्तार से जीने दे ।

9. योगियों की योगमाया

योगी अंदर है और बाहर भी
नीर है नीला, समुद्र और आसमान भी
वभूत में वजूद है, इत्र भी सर्वत्र है
वायु की कंठध्वनी, सर्वस्व अब एकत्र है
यमुना है गंगा में, फिर भी ऐसा हश्र है
कुम्भ का स्नान है, इतिहास का संज्ञान है
यहीं राम ,यहीं बुद्ध, फिर भी धर्म में व्यवधान है
योगियों का योग अब योग नहीं बाज़ार है
देशहित को छोटा करता हरा आज लाल है
काशी के संस्कार अब बैकुंठ में समृद्ध हैं
योगियों की योगमाया, आज अपनों के ही विरुद्ध है। ।

10. भाग्यविधाता

न कलियुग, न द्वापर, ना ही त्रेता में
समय है, विस्मय में, है आँधियों के भय में
काल है, कठोर है ,नींद में भी शोर है
संबंध हैं, द्वन्द में ,भेष में ही चोर हैं
कर्म है, अकर्म है, सांस भी अब अधर्म है
गौण हैं, कुटुम्ब में, सुकर्म भी अब कुकर्म हैं
न भूतकाल, न वर्तमान, ना ही भविष्यकाल में
यह खण्ड है, विखंड में, है अग्नि के प्रचण्ड में
माटी है, रक्त है, पर रोम रोम विभक्त है
राक्षस है, इंसान में, ज्ञान में भी वीभत्स है
जीवन है, मृत्यु में, लेकिन पाप में आसक्त है
भाग्य है, विधाता है, मुरारी आज भी कर्मदाता है।

11. पुराना सपना

ठहरी -ठहरी सी हवा थी
कुछ चंद पलों में सिमटी हुईं थीं सांसें
आंख खुली तो सब गायब पाया
आज फिर वही पुराना सपना आया ।
अतीत ने जकड़ी थी टांगें, वर्तमान था सकपकाया
भविष्य का पल्लू पकड़ आगे चलने की राह दिखाता
आज फिर वही पुराना सपना आया।
उँगली पकड़ कर हम अपनों संग बड़े हुए
मुश्किल आयी तो सब भागे, लेकिन कुछ साथ खड़े हुए
डूबते सूरज ने अक्सर झूठ का आईना दिखाया
आज फिर वही पुराना सपना आया ।

12. बसंत आ गया

बेगानी सी हवा थी चारों ओर,
एक तरफ पतझड़, तो दूसरी ओर बहार थी
मौसम को यूं करवट लेते हुए देखा मैंने
कि ओंस भी झरना बनने को तैयार थी
उड़ती हुई तितलियों के पास भी एक कहानी थी
सरसराती हवा के साथ उन्हें यह सुनानी थी
किन्तु ,मेघों ने खलल डाला ,और अपना राग सुना डाला
फिर सूरज को मेघों से लड़ते देखा मैंने
आँधी को रोशनी से डरते देखा मैंने
आसमान के कपाट खुले, नई ऊर्जा, नया जोश भरे
फूलों की महक और पंछियों का शोरगुल छा गया
एक नई उमंग लेकर ,जीवन का नवरूप बसंत आ गया।

13. दृष्टिकोण

मैं तो कोरे कागज पर कहीं था ही नहीं
मुझ पर फिर भी गुनाहों का इल्ज़ाम लग गया
बहुत ढोयीं ईमानदारी की बोरियां पीठ पर
नसों में फिर भी बेईमानी का ज़हर भर गया
आये थे सपनों का सँसार बुनने
किस्मत ने जीवन में अंधकार भर दिया
गलत को गलत, सही को सही कहने की फितरत थी अपनी
जालिम समाज ने अस्तित्व पर ही सवाल कर दिया
मैं तो कोरे कागज पर कहीं था ही नहीं
फिर भी इस जीवन दृष्टिकोण ने शर्मसार कर दिया।

14. जीवन यात्रा

हवा संग उड़ते हुए पत्तों से कभी पूछो
दिशा भटके हुए परिन्दों से कभी पूछो
कि कैसा लगता है जब कोई अपना साथ छोड़ दे ?
जैसे आसमान में उड़ते हुए ,सूरज अपनी आंख मूंद ले
मृत्युशैय्या पर पड़े इंसान को कभी पूछो
जो कभी नहीं दिखे, उस भगवान से कभी पूछो
कि क्यों लगता है, कि हम होते हुए भी कहीं नहीं हैं?
क्यों लगता है कि श्वास निरंतर हैं ,लेकिन कुछ सही नहीं है |

15. तेज़ यह प्रकाश का

तेज़ यह प्रकाश का
शक्ति के आभास सा
देखता व भेदता
मिटा अंधकार सा
पहाड़ की दीवार सा
धरती की दरार सा
खींचता व महकता
प्यार के दीदार सा
मेघ की ललकार का
बूँदों की बौछार सा
समेटता व सींचता
मिट्टी की प्यास सा
नदी के प्रवाह का
जंगल के एकांत सा
चीखता व चीरता
प्रकृति के सवांद सा
शब्दों के जाल का
कवि के भाव सा
बोलता व तोलता
समाज की आवाज़ सा।।

16. हाथ की लकीरें

हाथ की लकीरों पर
लिखी कुछ एक अनकही कहानियां
कुछ दिल के करीब ,
कुछ भूली भिसरी सी ।
सर्द रात की खामोशी में
दिखता एक धुंधला चेहरा
प्रतिबिंब है या आंखों की बनाई काया
अपनी पहचान को तरसता
और भटकता एक अजनबी साया
दिल में एक बेचैनी लिए
खुद की ही तलाश में।
लकीरों के जाल में
जंजाल बनी यह ज़िन्दगी
कुछ दिल के करीब
कुछ भूली भिसरी सी।।

17. जीवन ने जीना सीखा दिया

जीवन ने जीवन को जीना सीखा दिया
वृक्ष की भाँति अड़िग थावायु की भांति समग्र था
थी इस आसमान से भी कुछ शिकायतें
इस देह में भी छुपा एक दरिद्र था
हालात ने हालातों को समझा दिया
जीवन ने जीवन को जीना सिखा दिया ।।

18. एक विश्वास

अंधकार में मुझे सत्य की चिंगारी बनने दे
ए वक़्त थोड़ी मोहलत दे, मुझे खुद को साबित करने दे
विचलित है मन, डूबी हैं आकांक्षाएं
मेरा हाथ ना पकड़, मुझे खुद के सहारे उठने दे
हो सकता है लोग मुझे विफल समझें
हो सकता है बदकिस्मती के मेघ ग़रजें
मेरे अंदर एक विश्वास है, इसे पहचानने दे
मैं हर जंग जीत सकता हूँ, यह मानने दे।।

19. धारणा

यह समय है, कभी किसी का नहीं हुआ
बस किसी के लिए यह ठोकर है तो किसी के लिए वरदान
यह भगवान है, कभी किसी ने नहीं देखा
बस किसी के लिए विश्वास है तो किसी के लिए भ्रम
सागर की लहरों की अनन्त यात्रा में भी एक राज़ है
परिन्दों की सितारोँ के सहारे उड़ान की एक अपनी ही बात है
आईने के सामने खुद को ढूंढना बहुत मुश्किल है
कठिनाइयों से भाग जाए वो बुज़दिल है
एक सुहागिन के लिए सुहाग की रात सबसे खास है
जो किसी के दिल को छू जाए वही उत्तम बात है
यह जमीन का टुकड़ा है, हमेशा किसी का नहीं हुआ
किसी के लिए जीने की वजह तो किसी के लिए शमशान है।।

20. नखलिस्तान

रेत में ढूंढते जीवन संचार
मिल गया एक नखलिस्तान
आँखों के सामने धुँधला सँसार
जीवन में पनपता बनावटी प्यार
रक्त के प्रवाह में पानी का स्थान
मिल गया एक नखलिस्तान।।
चादर ओढ़े एक शख्स की शख्सियत
एक दूसरे के प्रति दुश्मनी की नीयत
किसे अपनाएँ तो किसे ठुकराएँ?
अँधेड़ में उड़ता धूल का गुब्बार
पिघला हुआ शरीर और गिरता गिरेबान
आखिर मिल गया एक नखलिस्तान।
रेत के टीले पर बैठे जीवन की आस में
ज़िन्दगी का खालीपन जैसे प्रेतों के प्रवास में
आंखों देखी पर विश्वास करें या खुद का आगाज़ करें
चिलचिलाती धूप में बारिश का आह्वान
मूर्खों में बंटता ज्ञान का व्याख्यान
आखिर मिल ही गया एक नखलिस्तान।।

21. जीवन दृष्टिकोण

आकार है पृथ्वी का कुछ ऐसा
कि आभास न हो अपने वजूद का
जीवन में बहुत कुछ झेला
लेकिन मलाल नहीं किसी के सलूक का
अपनी आज़ादी किसे पसंद नहीं होती
अपने दुश्मन की बर्बादी किसे पसंद नहीं होती?
कौन कहता है कि इंसान को पँख नहीं होते?
आखिर किसने कह दिया कि भगवान हमारे संग नहीं होते
क्यों सोच लेते हैं हम कि जीवन बस नीरस है?
मुश्किलों के आगे न जाने क्यों हम सब बेबस हैं?
खुद को जानोगे तो ये सब गौण होगा
जीने का यही सर्वश्रेष्ठ दृष्टिकोण होगा।।

22. हिंदुत्व

संक्रमण की तरह फैली है दुश्मनी अपने ही अंश में
मुर्दों पर सियासत करने वालों के हाथ विंध्वस में
सियासतें बदलती रहीं पर नीयत नहीं
नदी का जल दूषित है , माँ गंगा नहीं
इस देश के कण कण में बसा भगवान है
कोई कहे न कहे लेकिन हिंदुत्व ही हमारी पहचान है।
दलीलों और न्यायालयों में हमारे स्वाभिमान को उछाला जाये
जो पुरातन काल से था उसे झुठलाया जाए
मन्दिर जन्मभूमि पर नहीं तो और कहां बनेगा ?
क्या यह भारतवर्ष अपने ही आराध्य के लिए खून से सनेगा?
गुलामी के दंश में जीने वाले हम ही इस यथास्थिति के पुरोधा हैं
जाकर कह दो सनातन हिंदुत्व के दुश्मनों से
कि जो जीता न जा सके वही अयोध्या है ।।

23. कभी ऐसा सोचा होता

दूसरों की खामियाँ निकालने में मशगूल रहे
खुद की अच्छाइयों पर भी ध्यान दिया होता
रेत के ढेरी से कंकड़ ढूंढने वालों
कभी खुद के दिमाग पर भी विचार किया होता
सूरज की रोशनी को कमरे में कैद करने की सोच
कटु शब्दों से किसी के दिल को पहुँचायी हुई चोट
मुर्दों ने भी साँस लेने को हाँ कह दिया होता
अगर तूने अपने व्यक्तित्व को नीलाम ना किया होता
छोटे बड़े के अंतर को ना पाट, तुझसे नहीं होगा
चाँद की खूबसूरती को धब्बा लगाने वालों
कभी अपने जीवन को भी सँवार लिया होता।।

24. अज्ञान

अगर सिर धड़ से अलग होने लगे
सांसे भी अगर साथ छोड़ने लगें
हवा अपना रुख मोड़ने की बात कहे
बादल भी बारिश से मुकर जाएं
जब आसमान का रंग भी काला दिखने लगे
और चकोर जुदाई का गम सहने लगे
तब समझ लेना कुछ तो गलत हो रहा है
यह इंसान जागते हुए भी सो रहा है।।

25. आत्मसात्

तेज़ अगर सूर्य की भांति है तो निहारना सही है
दिल में पानी की भांति पवित्रता हो तो अपनाना सही है
ज्ञान अगर गीता है तो आत्मसात् करना सही है
शिक्षा अगर वेदयुक्त है तो उसे जीवन में ढाल लेना सही है
और अगर नदी मां गंगा हो तो उसमे समा जाना सही है।।

26. अनुत्तरित

आखिर क्यों एक धुंआ सा है जो छंटने का नाम नहीं ले रहा?
आखिर क्यों यह धरती अभी भी प्यासी है ?
क्यों चारों तरफ फैली एक अजीब बदहवासी है?
आखिर क्यों सच्चाई को हर जगह छुपाया जा रहा?
क्यों घिनौने झूठ को भी सच बताया जा रहा ?
आखिर क्यों शहर की हर गली आज भी तंग है?
क्यों दुनिया सभी रंग होने के बावजूद बेरंग है?
आखिर क्यों यह सवाल मन में बार बार उठता है?
आखिर क्यों खुले आसमान में भी दम घुटता है?

27. सियासत

उलझनों में ही उलझे रहेंगे ये आम लोग
सियासतदान तो रोज़ मलाई चाटेंगे
हिन्दू मुस्लिम करना इनका रोज़ का खेल है
ये फिर एक बार इस भारत मां को बाटेंगे।
स्वयं पर नहीं, ना धर्म पर,
परन्तु सियासत पर विश्वास जरूर है
आज नहीं तो कभी गृह युद्ध तो होना जरूर है।
भरी पड़ी है दुनिया इन क्रूर बेईमानों से
बच सकते हो तो बचो इनके विध्वसंक इरादों से
मां भारती है कोई मुर्दों का श्मशान नहीं
कोई जगह नहीं उसकी, जिसके दिल में इसके लिए सम्मान नहीं
रहना है यहां तो भारत को सर्वोच्च मानना होगा
और कुछ नहीं जानता पर हिन्दुस्तान को ही मां मानना होगा।।

28. कवि हूं

कवि हूं हिन्दी में ज़वाब मिलता है
कई सपने देखने के बाद मुश्किल से एक ख़्वाब मिलता है।
रोज़ रात को बैचैनी लिए सोते हैं
सुबह होते ही नए जीवन का आभास होता है।
हां मुझे लगता है मैं तनिक पागल हूं
जीवन की उधे़बुन में कहां समय होता है
मेरी उम्र तकदीर नहीं मेरी तस्वीर दिखाती है
सूरज ढल जाने के बाद ही जीवन का रहस्य खुलता है।
फिर उसी रहस्य से एक और नई बात उठती है
और इसकी पिटारी से फिर एक बार किस्मत खुलती है
अरे भाई मैं परेशान हूं भी तो क्या हुआ
ये तो सुख दुख की डोली है, हर किसी की उठती है।।

29. लेखक का दिल

वक़्त तू हर रोज़ एक नयी दुनिया दिखाता है
हर घड़ी को रात और दिन में बताता है
सावन के महीने की मिट्टी की सोंध
बादलों के छटकने पर सूरज की चकाचौंध
यह जीवन है मृत्यु को साथ लेकर चलता है
यह लेखक है जो हर दिल को पढ़ता है।।

30. दो वक़्त की रोटी

इस आग को जलने ना दो
ये आग मुझे जलाती नहीं बल्कि तड़पाती है,
इस दीपक की लौ को बुझने मत दो
यह अन्धकार मुझे डराता नहीं बल्कि सताता है,
यूँ ही कब तक तड़पाओगे हैवान ?
चांदी की थाली से कब उठोगे भगवान ?
मुझे दो वक़्त की रोटी चाहिए ।
मुझे क्या मिला देशनीति और राजनीति से?
दम घुट रहा है गरीबी की इस आपबीती से
मैंने क्या पा लिया हिन्दू और मुसलमान होकर ?
हर रोज़ खाली पेट सोता हूँ फरियादी बनकर
आखिर कितनी परीक्षा देगा ये गरीब किसान?
इस अभागे को कब समझेगा स्वार्थी इंसान?
मुझे सिर्फ दो वक़्त की रोटी चाहिए ।
मेहनत का , मजदूरी का
फायदा सबने उठाया इस गरीब की मजबूरी का
किसी को वोटों की या नोटों की दरकार है
यहाँ गरीब के भूखे पेट में जीवन का हाहाकार है
मुझे नहीं चाहिए तुम्हारे वादे और एहसान
यहाँ भूख से हर रोज़ तिल-2 निकलते हैं प्राण

मुझे कुछ नहीं चाहिए
मुझे सिर्फ दो वक़्त की रोटी चाहिए।।

31. पृथ्वी के गर्भ में

रात के ख्वाब बस आंखों में कैद कर लो
दुख और खुशी के आंसुओं का फ़र्क समझ लो
मंजिल में कांटे अभी इंतजार कर रहे राहगीरों का
धूल, भभूत और सूरज की तपिश इम्तिहान लेती फकीरों का
सब यूं ही नहीं होता इस संसार के संदर्भ में
कुछ तो छिपा बैठा है पृथ्वी के गर्भ में।।

32. वक़्त कब गुज़र जाता है

वक़्त कब गुज़र जाता है महसूस ही नहीँ होता
घूमती और दोड़ती हुई घड़ियाँ
हम सभी को पीछे करने की जुगत में थमने का नाम नहीं लेतीं
दिन रात , महीने-साल, आते और चले जाते
पीछे छोड़ सभी को बस यूं ही अकेला कर जाते
जीने की लालसा अभी पूरी तो होने दे ए वक़्त
तू महसूस ही नहीं होता।
बचपन कब जवानी में बदला
कोमल चेहरे को न जाने कब झुर्रियाँ ने पकड़ा
काले बाल सफेद हुए, जीवन को मुसीबतों ने जकड़ा
ए वक़्त ! थोड़ा धीमा चल
ज़िन्दगी थोड़ी जीने दे
तू ऐसे गुजर जाता है
महसूस ही नहीं होता ।।

33. प्रारम्भ

जब लगे कि बस यही अंत है,
तभी से नया आरम्भ है
जब मंजिल सामने दिखे
तो किस बात का विलम्ब है ,
तेरी दृढ़ता और वीरता ही तेरे जीवन का स्तम्भ है
यही से तेरे जीवन का मूल प्रारम्भ है।

34. ज़िन्दगी का सफर

ज़िन्दगी का सफर अभी बाकी है
अभी से ही क्यों मौत का सामान खरीदें?
सूरज अभी उदय होने ही वाला है
फिर क्यों धूमिल हों उम्मीदें?
सुख दुख तो सब चलता रहता है
पानी बिन रिक टोक बहता रहता है
किस बात पर सोचें और किस पर नहीँ
हवा का रुख तो हर पल बदलता रहता है
अपनी मेहनत की रस्सी अपनी कमर से बांध लें
किस्मत का पंछी अभी उड़ान भरने ही वाला है
अंधेरों की गुमनामियों में सपने न बुन
सूरज अभी उदय होने ही वाला है ।।

35. मै गुरु हूँ

समाज में अज्ञान हो
चारों ओर फैला अन्धकार हो
नैतिकता का सवाल हो
या देश का निर्माण हो
मैं हर वक़्त हर लम्हा सपने को हक़ीक़त बनाता हूँ
मैं गुरु हूँ, ज्ञान ज्योति जलाता हूँ।
जीवन के सत्य में, ब्रह्मांड के अखंड में
हर पथ हर दिशा दिखलाता हूँ
मैं गुरु हूँ ज्ञान ज्योति जलाता हूँ।
पाप-पुण्य का सवाल हो
अनपढ़ता, गरीबी और जुर्म विकराल हो
कर्तव्यनिष्ठा जब धूल चाटे
जाति-पाति का भेद सबको बाँटे
जब धर्म और कर्म में बवाल हो
और भविष्य पीढ़ी पर सवाल हो
मैं ही हूँ जो सभत्या एवं संस्कृति की पुनः नींव डलवाता हूँ
मैं गुरु हूँ, ज्ञान ज्योति जलाता हूँ।
खुद जल बनकर इस धरा को सिंचित करूँ
सूर्य बनकर नव जीवन संचार करूँ
हवा हो उस वैदिक ज्ञान की पृष्ठभूमि की

अग्नि बनकर अज्ञानता का संहार करूँ
मैं नहीं तो भविष्य नहीं
मैं कर्मयोग में सबसे पवित्र कर्म निभाता हूँ
मैं गुरु हूँ, ज्ञान ज्योति जलाता हूँ।।

36. एक हवा का झोंका

जो कुछ भी मेरे दिल में आता है
एक हवा का झोंका सा है जो यूँ ही छू जाता है
भूली-भिसरी यादों को समेटते हुए वो पल
ज़िन्दगी का हर अच्छा-बुरा एहसास करवा जाता है।
हवा के साथ वो उड़ते हुए पत्ते
एक बेख़ौफ़ पंछी सपनों को साथ उड़ा ले जाता है।
बीच आसमान में बादलोँ का झुरमुट
बस यूँ ही अपनों की याद दिल जाता है।
वक़्त की घड़ी को वापिस मोड़ते हुए
पुरानी यादों को बस पीछे छोड़ते हुए
ये तारों का संसार भी भविष्य बता जाता है।
यह मेरा संसार है, यही है मेरी दुनिया
यह मैं नहीं, मुझमे कवि है जो बुलवाता है
जो कुछ भी मेरे दिल मेँ बस यूँ ही आ जाता है।।

37. ईश्वर

मुझमें मैं नहीं सिर्फ तुम हो
अश्रु की प्रत्येक बूंद मेँ तुम हो
तुम्हारे बिना जीवन अधूरा है
जैसे बिन आत्मा यह शरीर अधूरा है
तुझमें अपना अक्स देखता हूँ
अपने भीतर एक नए शख्स को देखता हूँ
तू ही जीवन की सार्थक खोज है
तू ही एक योगी की मौज है।
हर पहर मुझे आइना दिखाते हो
सच्चाई के हर पहलु से अवगत करवाते हो
तुम्ही ऋग वेद के गीत हो
तुम्ही बांसुरी के मधुर संगीत हो
सागर की विशाल जलधारा हो तुम
अधर्म से लड़ने वाले धर्मी का सहारा हो तुम
तुम्ही गीता का हर एक प्रसंग हो
तुम्ही ईश्वर और तुम्ही ब्रह्माण्ड हो।।

38. मेरा वजूद

जीवन दृष्टिकोण है अपने विश्वास का
सादगी से भरा हुआ जीवन और अटूट आस्था
रँगों में पिरोता चला गया उस ईश्वरीय स्वरूप को
संस्कृति और विचारों की आकृति को ढाला
पास से समझा एक दैवीय नूर को
वो है लेकिन हम उसके होने का एहसास नहीं करते
कुकर्म करते हुए हम कभी नहीं डरते
भय की वजह है तो भय है
हे भगवान ! हम सब यूँ ही नहीं कहते
तुझे उकेर रहा हूँ अपने जीवन के पन्नों पर
तू मुझसे नहीं मेरा वजूद तुमसे है।।

39. जो मैं चाहता हूँ

मुझे वो करना है जो मैं चाहता हूँ
वो नहीं जो दुनिया चाहती है
मुझे अनदेखे, अनजाने रास्तों पर चलना है
नदी की धारा प्रवाह संग बहना है
निरंतर देखना है उन मानसून के आते हुए बादलों को
मुझे बारिश में मिट्टी संग भीगना है
सुनना है भोर में आती पक्षियों की चहचहाट को
मुझे जीवन के हर एक हुनर को सीखना है
जो कुछ भी मेरे दिल में है मुझे वो करना है
आज ही की तो ज़िन्दगी है ना जाने कब मरना है।
मुझे लिखनी है हर वो बात जो सच्ची हो
सीखनी है हर वो बात जो अच्छी हो
देखना है और जानना है दुनिया के हर एक रंग को
महसूस करना है हर सांस को चाहे रंग हो या बेरंग हो
मुझे नहीं बंधना इन सांसारिक रिश्तों मेंँ
घड़ी-घड़ी नहीं झेलना सुख-दुःख को किश्तों मेंँ
नहीं सीखने मुझे दुनिया के तौर तरीके
दिल की सुनता हूँ, दिल की ही मानता हूँ ;
मुझे वो करना है जो मैंँ चाहता हूँ।।।।।।

40. भारत माँ

यह न सोचो कि देश ने क्या किया हमारे लिए
अब हमें देश के लिए कुछ करना है
वक़्त है विश्व पटल पर कदम रखने का
गुलामी के भाव से स्वाभिमान की ओर बढने का
हम जानते हैं कि वक़्त लगेगा
क्योंकि हे भारत माँ ! अभी तेरा हर सुपूत जगेगा
सबने मिलकर जन-जन को जगाना है
हे मेरे भारतवर्ष ! तुझे तेरा विश्व गुरु का सम्मान वापिस दिलाना है।
भारत माँ की जय

41. सपनों के रंग

छूना चाहता हूँ आकाश की ऊंचाइयों को
पाना चाहता हूँ अपनी हर मंजिल को
मन करता है इस खुले गगन को
अपने सपनों के रंगों से रंग दूं
मुझे कोई आवाज न लगाये
ना खींचे कोई धरातल की ओर
बस छू लूं इन तारों को
कर लूँ मुट्ठी में इस चाँद को
कुछ भी बस में रहे या ना रहे
केवल अपने ही गीत सुनाऊं और गुनगुनाऊं
बस मैं और फरिश्तों का साथ रहे
नदियाँ बहें, समुद्र विकराल रूप धारण करे
चट्टाने खिसकें या भंयकर भूचाल आये
इन सब की एक भी न चले
चले तो बस हवा और एक नये गीत की;
और बात हो एक नये जीवन संगीत की।।

42. कुछ तो था

एक ही लम्हा था और साँस भी
मैं मांगता भी तो क्या?
एक हाथ में कागज़ था और एक में कलम
कहानी भी थी, कुछ बातें भी थीं,
कुछ देखा था तो कुछ अनसुना
फिर भी एक डर सा लगता था
मेरा भ्रम था या फिर कोई अंधविश्वास
कुछ तो था जो मुझे अपना बना गया।
आँखें बंद थीं फिर भी आकृतियां बनती
एक तरफ चाँद था और एक तरफ लाखों तारे
मैं भी चुप था और वो भी
चाँद मुस्कुराया और तारे भी हँसने लगे,
आँसू गिरे पर वो खुशी के थे,
शायद उनसे कोई खास रिश्ता रहा होगा,
मैं जिंदा था या बिना धड़कन के
कुछ तो था जो कि मुझे सपना दिखा गया।।

43. वृक्ष की वेदना

आज फिर एक गिरते हुऐ वृक्ष की वेदना सुनी
कई पक्षियों के घर उजड़ गए
वो सिर्फ मातम ही तो मना सकते हैं
उनकी पीड़ा के एहसास को अनदेखा कर
आज एक गिरते हुए वृक्ष की वेदना सुनी।
अपनी बाजुओं रूपी टहनियों के पत्तों के झुरमुट में
एक छोटा सा संसार बसा रखा था
धूप, बिजली व बारिश से बचाते
उन सब के सपनों को संजो रखा था
अपने सपनों के घर को टूटता देख
ये नन्हें पक्षी फिर रुआंसे हुऐ डरे-सहमे अपने पंखों को फड़फड़ाना भूल
आज फिर एक गिरते हुऐ वृक्ष की वेदना सुनी।।
बार-बार लौट कर आते एक अंतिम नज़र देखने को
स्वार्थी इन्सान के लिये प्रकृति की बलि
सबके घरोंदों को को बर्बाद होते देख
आज फिर एक गिरते हुए वृक्ष की वेदना सुनी ।।

44. कवि की कल्पना

कवि और उसकी कल्पना उन्मुक्त गगन में उड़ती हुई
सपनों की दुनिया में हिचकोले खाती
ना जाने इसका छोर कहां है?
निर्जीव को भी जीवन्त कर दे
फीकी जिंदगी को जो रसमय बना दे, ऐसी है कवि की कल्पना
ना जाने इसका छोर कहां है?
सूरज की एक किरण लिए
पानी की बूंद को भी मोती बना दे
आँखें मूंद देखती है यह संसार,
ना जाने इसका छोर कहां है?
कवि का भी अजीब संसार है
जहां चलती है सिर्फ उसकी मर्जी
बस यूं ही मदमस्त हुए लिखता है
ना जाने इसका छोर कहां है?

45. हो गई भोर

उगते हुए सूरज की लालिमा
हरी चादर ओढ़े खेत-खलिहान
पक्षियों की चहचहाट भरे वो मधुर गीत
कानों में पड़ते और यही कहते
अब तो उठ चल हो गई भोर ।
सूरज की रोशनी का आंखों में समा जाना
ओझल हुए चंद्रमा को हमारा यूं आंख दिखाना
कू-कू करती कोयल से बेवजह जुबान लड़ाना
और बस यही कहना
अब तो उठ चल हो गई भोर ।
पत्तों को पुचकारती वो सुहावनी हवा
मन्द -2 मुस्कुराती हर एक दिशा
जैसे प्यार से सहलाती हर एक मां
और स्नेह भरे अंदाज़ में कहती
अब तो उठ चल हो गई भोर ।।

46. आत्मखोज

मैं ही जानता हूं
कैसे ढूंढा है मैंने स्वयं को अपने में
मुश्किल तो बहुत हुई
पर पाना था खुद को ।
न जाने कहां खोया बैठा था
इस वीरान दुनिया में,
जहाँ सब अपने तो थे
पर अजनबी जान पड़ते थे।
कोशिश तो मैंने भी बहुत की
उनकी राह पकड़ने की,
पर मैं भी कहां जानता था
कि मेरा रास्ता ही अलग है
फिर चल पड़ा मैं अपनी राह पर,
ना साथ था और ना ही सहारा,
फिर ढूंढा मैंने अपने आप को
मुश्किल तो बहुत हुई
पर पाना था खुद को ।।

47. कहानी पर्वत की

इन विशाल पर्वतों ने दुनिया को बदलते देखा है
वानर से आदि मानव तक
और उससे इन्सान बनते देखा है।
अनंतकाल से बहती जलधाराएँ
जलधाराओं से मिलकर नदी
और उनसे सागर बनते देखा है
इन पर्वतों ने दुनिया को बदलते देखा है।
अटल खड़े, अजर-अमर हैं
निहारते इस अद्भुत संसार को सदियां ही बीत गईं
गुपचुप व गुमसुम शान्त से खड़े
इन विशाल पर्वतों ने दुनिया को बदलते देखा है।

48. सोच की उड़ान

मन में ढेरों सवाल लिए
टकटकी लगाए आकाश को निहारते
उड़ते पक्षियों की स्वछन्द उड़ान
काश हम भी ऐसे होते।
मन्द-२ हवा बालों को बिखेरती
अपनेपन का स्पर्श लिए
चेहरे पर हल्की मुस्कान दिए
सब कुछ कह जाती।
वृक्ष की छाया तले
आकांक्षाओं के बवंडर में उड़ते
आँखें मूंद अंधेरा करके
सपनों की दुनिया गढ़ते
रंग-बिरंगे फूलों पर उड़ती
कोमल, मनमोहक तितलियां
सुन्दरता का वरदान लिए
काश हम भी ऐसे होते।।

49. ईश्वर की माया

रक्त को निचोड़ता
हवा संग है दौड़ता
सूर्य के प्रकाश को
अपने तेज से है मोड़ता।
मेघ की दहाड़ को
रेत में टटोलता
घमंड की दीवार को
अपने आगोश में मरोड़ता
प्रत्येक के कर्म को
तराजू में है तोलता
सुख मिले या दुख मिले
हर वेद में है बोलता
ना अन्त है ना आकार है
यह तो निराकार है
ब्रह्मांड के अनन्त को
अपने हाथों में सहेजता ।।

50. गुज़र गया बचपन

बचपन की अठखेलियां छोड़ जवानी में कदम रखा
उम्मीदों के बोझ तले हर एक ने परखा
जवानी की भूल भुलैया में
खो जाने का मन करता
जिम्मेदारियों का पहाड़ दिल खोल के हंसता
अब ढूंढे नहीं मिलता
बचपन का वो बसेरा
हाथ में खिलौने लिए
दिन-भर शरारतें करता
हर कोई बस यही कहता
बड़े हुए तो तमीज़ आ गई
दूध के दांत क्या टूटे
हाथों में भाग्य लकीर आ गई
मिला तो मिला, यह क्या मिला ?
परेशानियों व उम्मीदों का बोझ
चाहकर भी वो बचपन ना मिला
याद करते उस मासूमियत को रोज़ ।

51. वक्त की रफ्तार

वक्त कब गुज़र जाता है महसूस ही नहीं होता
घूमती और दौड़ती घड़ियां
हमें पीछे करने की जुगत में
थमने का नाम ही नहीं लेती।
दिन-रात, महीने-साल आते और चले जाते
पीछे छोड़, अकेला करके
सांस लेने की भी फुर्सत
चाहकर भी नहीं देते।
बचपन कब जवानी में बदला
कोमल चेहरे को कब झुर्रियों ने पकड़ा
काले बाल सफेद हुए
शरीर बीमारियों ने जकड़ा
ऐ वक्त! थोड़ा धीमा चल
जिन्दगी थोड़ी जीने तो दे
तू ऐसे गुज़र जाता है
महसूस ही नहीं होता।।

52. धड़ाम

अरे इतना ऊंचा ना उड़
गिरेगा नीचे धड़ाम
पर्वतों की ऊंचाई तो माप
पर साथ में नीचे गहराई भी तो देख
एक कदम भी फिसला
तो गिरेगा नीचे धड़ाम ।
पंख होते हैं उड़ने को
तू बाजुओं को ना फड़फड़ा
ऊपर आसमान में उड़ने की चाह में
गिरेगा नीचे धड़ाम।।
सबके दिल में एक ही चाह
छूना है ऊंचाइयों को
थोड़ा ऊपर उठने को
किसी को पैरों तले ना दबा।
अकेला शेर भी भूखा
जरूरत उसे भी एक कुटुम्ब की
खोकर पाने की चाह में
गिरेगा नीचे धड़ाम।।

53. एक विश्वास

सपनों के परवाने कुछ ऐसे उड़ेंगे
कि मुनासिब न होगा उनकी ऊँचाइयों को छूना
एक वक्त तेरा, एक वक्त मेरा
और एक उस अटल सत्य परमेश्वर का
मुसीबतों की बेड़ियां तोड़
सब वक्त एक साथ तुझे तेरे घर पहुंचायेंगे।
एक राख चूल्हे की
एक राख शमशान की
और एक साधु के वरदान की
धूमिल चेहरे को साफ कर
सब राखें एक साथ तुझे पवित्र बनायेंगी।
तेरी या फिर मेरी खुशी
और खुशी इस जहान की
अब क्या बचा पाने को?
सब खुशियां एक साथ तेरी झोली भर देंगी।
एक हिस्सा खुशी का
एक हिस्सा गम का
और एक जीवन के वृत्तान्त का
न्याय के तराजू में

सब सुख-दुःख एक साथ
तुझे तेरा हिसाब सुनाएंगे।

54. मैं ऐसा ही हूं

कोई मुझे दोस्त कहे
तो कोई माने दुश्मन
किसी के दिल को भाता
तो किसी को नापसन्द
क्या करूं ? क्या कहूं?
अपनी- 2 सोच है
मेरा तो बस यही कहना
अरे मैं ऐसा ही हूं।
कभी कोई तारीफ करे
तो कोई करे आलोचना
किस- 2 की जवाब दूं
छोड़ो ना, क्या रोकना
अपनी एक पहचान लिए
मेरा तो बस यही कहना
अरे मैं ऐसा ही हूं।
कभी करूं गुस्सा
तो कभी रहूं शान्त सा
कभी बैठता सबके बीच
तो कभी रहूं एकान्त सा
सभी असमंजस में कहते कि

तू है क्या ? बता ना
एक हल्की सी मुस्कान लिए
मेरा तो बस यही कहना
अरे मैं ऐसा ही हूं।

55. जैसी करनी वैसी भरनी

जैसी करनी वैसी भरनी
यह बस अब क़हावत है
पापी पाप कर रहा
गरीब विलाप कर रहा
दुष्टों की बरात है आई
और भगवान आराम कर रहा।
अमीर हक छीन पहा
गरीब का लहू पी रहा
दर- 2 की ठोकरें खाता
बेबस, लाचार, यही पूछता
कि कहां है विश्व विधाता ?
क्या यह बस कहावत है?
जैसी करनी वैसी भरनी
दीन -दुखियों को इंसाफ नहीं मिल रहा
दुराचारियों का पाप नहीं थम रहा
उम्मीद की किरण तो दूर
इन्सानियत को आघात ही पहुंच रहा
कहाँ है जन्मदाता ?
क्या यह बस केवल कहावत ही है
कि जैसी करनी वैसी भरनी।

56. रंगों की दुनिया

रंगों से बनी है यह दुनिया
रंगीन से अफसाने हैं
फूलों की पंखुड़ियां
मनमोहक दृश्यों को अखियां
कानों में गूंजते ये भंवरों के गाने हैं
आसमानी यह अम्बर
हरे की हरियाली
आंखों में काला काजल
नीला नदियों का पानी है
प्यार का लाल गुलाब
गुलाबी सी चेहरे की जवानी
पीला दुपट्टा ओढ़े
सफेद बादलों के नीचे
खड़ी एक दीवानी है
इन्द्रधनुषी रंगों से सुसज्जित यह दुनिया
कहीं बैंगनी, कहीं भूरे
तो कहीं नारंगी दीपक की ओर
खिंचते यह पागल परवाने हैं
रंगों से बनी यह हसीन दुनिया
रंगीन से अफसाने हैं।

57. कब्र का भूत

कब्र खोद के निकला भूत
लिया जायजा आस-पास का
साँस फुला आवाज़ लगाई
क्या कोई है यहां मेरी जमात का ?
समय गुजरा, दृश्य बदले
भूत को हुई हैरानी
इन्सान तो इन्सान
क्या झोपडी और क्या मकान
अब तो मिट्टी ने भी रंग बदले
कहाँ रहूँ? कहाँ जाऊं?
हुआ बेड़ागर्क इस आदमजात का
कब्र से निकल कर किसी और भूत ने पूछा?
मिला तुम्हें कोई अपनी जमात का?
दुःखी, मायूस भूत अपना मुँह सा लिये
लौट आया उल्टे पांव
अच्छा है जो नहीं हैं हम भूत जिंदा
होते तो इंसान की यह हालत देख
जीते जी मर जाते
घर बार छोड़, तंग होकर
मिट्टी में ही मिल जाते

जीने की इच्छा तो हुई थी एक बार
पर अब क्या करें
इन जिंदा मुर्दों की हालत को देख
एक भूत ने दूसरे से कहा
आ ! अब कब्र में लौट चलें।

58. जरा सोच के

सफेदी के चक्कर में
काला ना बन
अन्धों की संगत में राजा ना बन
जंगल की घाटी में, अपनों की माटी में
स्वार्थियों की रंगत में बेगाना ना बन
दरिया के पानी में
चढ़ती जवानी में
बहकावे में आकर मूर्ख ना बन
इश्क की खुमारी में
सपनों की सवारी में
अपराधी की कुसंगत में
कातिल ना बन ।।

59. पाप की आग

घमंड जला आग में
ना जला मानुष शरीर
अधजली काया लेकर
सिर उठाने की कवायद में ।
आग बदली राख में
राख बनी खाक
बुझे कोयले लेकर
फिर जलाने की ताक में।
पाप भरे घड़े में
फनफनाता विषैला नाग
विष भरा कटोरा लेकर
डसने की फिराक में।
समझ - असमझ के जाल में
मकड़ी गढ़ती जाल
घमंड व लालच का पर्दा लेकर
पहुंचा नर्क के द्वार में।।

60. नव जीवन संचार

इतिहास से प्रेरित
वर्तमान में जीवन
भविष्य की तस्वीर के साथ
ढोल-नगाड़ों में व्याप्त
नव जीवन संचार ।
सफेद अश्व की सवारी
मुख-मण्डल, चरित्र सारांश
समय की लगाम के साथ
सुख - समृद्धि को प्राप्त
नव जीवन संचार ।
कुदाली का तीखा प्रहार
सांचे में ढली मूर्ती समान
पत्थर से निकली चिंगारी के साथ
निशा हरिणी रोशनी से चमत्कार
नव जीवन संचार ।
पक्षी की तीव्र उड़ान
आसमान में बादलों की भरमार
कौंधती, गर्जती बिजली के साथ

रात में जगमगाते जुगुनुओं का नाच
नव जीवन संचार ।।

61. खामोश दीवारें

जिस किसी ने भी कहा, झूठ कहा;
दीवारों के भी क्या कान होते हैं?
हमने तो रोज ढेरों शिकायतें की
पर ये तो खामोश रहीं।
इनके सामने कई बातें हुईं
खुसर-फुसर आलोचनाएं भी हुईं
कहने को तो उस वक्त कुछ कह देतीं
पर ये तो खामोश रहीं।
वादे किए गए, भुलाए गए;
रिश्ते-नाते बिखरे, तबाह हुए
इनमें अगर जान होती तो समझातीं
पर ये तो खामोश रहीं।
मैं तो फिर भी बात करता हूं
सच्चाई जानते हुए भी
इनमें हमदर्दी होती तो जतातीं
पर ये तो खामोश रहीं।।

62. नजरिया

सीधे रास्तों की टेढ़ी चाल
हाथों का जादू, कठपुतली का नाच;
बन्दर की गुलाटी मदारी के साथ।
पेड़ों की छाया में पक्षियों का बसेरा
शीतल से आंचल में बच्चों का खेल
रास्ते की डगर, अंधेरे का डर;
उजाले की तालाश, सूरज की ताल।
बिखरते पत्तों में बजता हुआ राग
आइने की शक्ल में पानी की चमक
पत्थर की चुप्पी में छिपा हुआ राज
बहता हुआ पानी जैसे तबले की साज़।
दौड़ती हुई गाड़ी और उड़ती हुई राख
कलयुग की धरती, मिटती हुई साख
आसमान में बिछती बादल की चादर
टकटकी लगाए मयूर का नृत्य
काजल की कालिख, चांद का श्वेत;
मौके की तालाश में घूमता हुआ प्रेत।।

63. अब बहुत हुआ

शोर से तंग आकर भीड़ से निकले
अबूझ पहेली को सुलझाते हुए
हाथ में मशाल, सीने में आग;
अब और नहीं देखा जाता।
आत्मा की मौत, मन की शैतानी;
नटखट था बचपन पर विषैली जवानी
पीड़ित की पुकार, सत्य की हुंकार;
अब और नहीं सहा जाता।
चांडाल की आग, भूतों की नगरी;
मिटता पुरुषार्थ, आँखें हैं प्रमाण
देवों की पूजा, राक्षसों का राज;
अब और नहीं देखा जाता ।
सुख की नींद, अश्रु का घूंट
पैरों में बेड़ियां, हाथों में चूड़ियां
खून की धारा, इन्सानियत की मौत;
अब और नहीं सहा जाता।।

www.ingramcontent.com/pod-product-compliance
Lightning Source LLC
Chambersburg PA
CBHW070645240926
51846CB00003BA/787
9789375104223